Les Sonnets

du Docteur

DIJON

aux éditions du raisin

1926

LES

SONNETS DU DOCTEUR

Les Sonnets
du Docteur

DIJON

aux éditions du raisin

1926

Paris, 20 décembre 1883.

Mon cher ami, vous ne doutez pas de l'extrême désir que j'aurais de vous être agréable ; vous savez aussi jusqu'à quel point je prise vos sonnets. Eh bien ! cette préface je ne la vois pas, je ne la sens pas ; je l'ai cherchée tout ce matin. C'est là comme un cas de constipation qui pourrait solliciter votre lyre. Vous êtes l'inventeur d'un nouveau genre en poésie ; que cette gloire vous suffise. Vous me demandez de vous répondre par retour du courrier ; je le fais, et ne puis me défendre d'un sentiment de tristesse, car ils sont charmants, vos vers que je viens de relire et qui méritaient en effet d'être fixés pour la postérité.

Je vous serre cordialement la main —

Charles Monselet

MON NOBLE AMI MONSELET
J'INFLIGE CETTE DÉDICACE,
POUR M'AVOIR — LE MALIN QU'IL EST —
PARÉ LE COUP DE LA PRÉFACE.

*Le succès de ce petit livre fut un succès d'esprit fran-
çais. Et si, depuis sa première édition — qui date bientôt
de cinquante années — le souvenir de tant d'œuvres con-
temporaines, plus brillantes certes, a été oublié, le sien
est demeuré cher à la gent bibliophile.*

*L'auteur de ces Sonnets était un homme charmant,
distingué, de goût délicat, artiste. Il possédait les qualités
bourgeoises qui, pour chaque époque, datent œuvres et
gens, comme elles datent un bibelot amusant. Lui, restera
marqué des années « quatre-vingt ».*

*A ces qualités du temps, Georges Camuset ajoutait
celles de la race. Désinvolte de bon aloi, souriant, sarcas-
tique, spirituel, intelligent, exquisément subtil. Les années
1925 ne connaîtront pas semblable fantaisie. En ces temps
de dancing et de jazz, la littérature a suivi la mode. Pas
de silhouette ni d'accent : jupe-mouchoir et vers libre. On
veut écrire n'importe quoi, pourvu cependant que l'on
étonne. Parce que l'exclamation du Général Cambronne —*

*si française lorsqu'il en est temps — passe dans le voca-
bulaire moderne des poètes, il ne convient pas de l'écrire
en manière d'outrecuidante débauche.*

*Ce n'est peut-être ni mieux, ni plus mal ! Chacun
juge selon sa passion. Mais, pour juger sainement, il
convient de tout connaître.*

*Voilà pourquoi il a semblé bon à l'éditeur de ces
Sonnets de leur rendre en 1926 la mode typographique de
1880.*

PRÉFACE

JE veux remercier, avant tout, ceux des amis de Georges Camuset qui m'ont fait le cher et douloureux honneur de me charger de présenter au public la nouvelle édition de ses trop courtes poésies. Ils ne pouvaient trouver assurément, même parmi ses plus intimes compagnons dans la vie, personne à qui sa mémoire fût plus sympathique qu'à moi ; c'est mon seul titre à cette marque de confiance dont je suis tout ensemble ému et flatté.

C'est que Georges Camuset, dans sa trop rapide carrière, fut vraiment et avant tout un poète. Son intelligence vive était apte à toutes les études ; un goût prononcé pour tous les arts était la caractéristique de son tempérament. Mais ce qui émergeait de cette physionomie multiple et ce qui la dominait, c'était ce don exquis de fantaisie, ce génie primesautier, ce caprice toujours en éveil de la pensée qui sont le propre du poète et lui font un rang à part dans l'humanité.

Quelques mots sur sa rapide carrière confirmeront cette appréciation.

Né à Lons-le-Saulnier, le 29 juin 1840, Georges Camuset appartenait à une famille de robe. Il fut, entre tous, un enfant gâté, et dut à la tendresse de ses parents de conserver cette fleur de volonté naïve qui fait, plus tard, les hommes indépendants et qu'écrasent lourdement les éducations physiques sévères. Au collège de Vendôme, il étudiait fort peu le rudiment, mais, en revanche, composait des tragédies, en organisait la représentation et s'abandonnait à sa passion pour la musique au point de composer presque au même âge que Mozart. Il avait également les dispositions les plus heureuses pour le dessin. Au reste, le couronnement de ses études, faites cependant à bâtons rompus fut sa quadruple admissibilité, en 1860, à l'École Polytechnique, à l'École Centrale, à l'École des Beaux-Arts et à l'École des Mines. Et tous ces succès le devaient conduire à devenir médecin, par cet imprévu qui devait être le caractère de toute sa vie et dont le secret était dans son amour vrai de l'étude, dans sa noble passion pour tous les travaux de l'esprit.

Ch. Robin avait été son initiateur dans cette nouvelle carrière, qui fut sa carrière définitive. La vie d'étudiant de Camuset a laissé de vifs souvenirs dans le Quartier Latin, qu'emplissait sa verve intarissable, mais il dut à ses instincts éminemment sérieux et à sa nature de vrai gentleman de ne jamais tomber dans la bohême, que le

souvenir de Murger poétisait encore dans ce temps-là.
Il garda toujours le goût de la bonne compagnie et ne
cessa de la fréquenter dans les salons les plus distingués
de Paris.

Car ce fils du Jura était devenu le Parisien le plus
Parisien qui fût au monde, dans le sens le plus attique
du mot. Et ce n'est pas là un mince mérite. Mais Paris
était bien vraiment la patrie de cet esprit à la fois bien-
veillant et ironique, vibrant à toutes les impressions,
endiablé de vitalité, exubérant et parfois glorieusement
chimérique. Dans l'étude de la médecine, un point le
séduisait tout à coup comme une clarté qui attire le
regard. Ardemment, habilement comme il faisait toutes
les choses, il se consacra à l'ophtalmologie et conquit
bien vite, dans cette difficile et délicate spécialité, une
renommée légitime. Mais sans se distraire pour cela des
préoccupations générales, il communique à la Société
de Médecine, dont il est membre, plusieurs travaux importants, dont le plus intéressant était, à ses propres
yeux, son mémoire sur la vaseline.

Faut-il signaler son court passage dans la Franc-
Maçonnerie ? Oui, parce qu'il lui valut un des mots
les plus drôles qu'on puisse trouver. Comme on lui
demandait, avant de l'agréer, ce qu'il pensait de la
polygamie ? — « Je pense qu'elle ne doit être permise
qu'aux célibataires », répondit-il imperturbablement.

Il avait le goût des voyages et une grande aptitude
aux langues étrangères. Dans cette existence si courte
et si bien occupée par le travail, il avait trouvé moyen
de visiter l'Angleterre, la Hollande, la Suisse, l'Espagne

et l'Italie. En Espagne, il fit la conquête d'Emilio Castelar, dont il demeura l'ami. Je ne résiste pas au plaisir de citer un des courts petits poèmes que lui inspira sa course au delà des Pyrénées :

PROMENADE AU PRADO

C'est l'heure où le soleil délaissant l'horizon
Appelle sur Madrid l'air frais de la montagne.
Tout s'éveille au plaisir, et de chaque maison
Sort l'essaim des Ninâs que leur mère accompagne.

Qu'ils sont charmants à voir, ces mignons fruits d'Espagne,
Mûrs si tôt pour l'amour, si tard pour la raison,
Et, devant ces printemps et cette floraison,
Comme il songe au passé celui que l'hiver gagne !
Le rire fait vibrer leurs lèvres de corail,
Elles vont et leur main joue avec l'éventail,
Vaste papillon noir palpitant sur des roses.
Elles vont et le chœur des jeunes amoureux
Se rapproche, furtif, pour dérober aux yeux
Les trésors enfermés dans les mantilles closes.

Ces vers sont datés du 18 juin 1874. Ne sont-ils pas vraiment exquis, et ne montrent-ils pas qu'en dehors de la fantaisie pure qui domine dans les *Sonnets du Docteur,*

Georges Camuset avait la délicatesse d'impression, la justesse d'images, la musique de mots qui fait le poète ?

En Angleterre, c'est Gustave Doré qu'il a pour compagnon de voyage. Doré en rapporte une magnifique collection de dessins et Camuset cette jolie boutade que je veux transcrire aussi :

Après les jours d'Epsom, s'ennuyant à se pendre,
En proie au spleen mortel dont il veut se défendre,
John Bull part dans son yacht, pour Nice ou le Pérou ;
Car aimant son pays comme on aime son gendre,
Pourvu qu'il en soit loin, il est bien n'importe où !

Malgré le nom rapide qu'il s'était fait, le jeune médecin se sentait opprimé par la concurrence. C'est alors qu'un cabinet d'ophtalmologie important étant devenu vacant à Dijon, il n'hésita pas à s'exiler. Toujours gai, il écrivit, à cette occasion, sur Dijon, ce singulier distique :

Dijon, dans sa moutarde, assise au bord de l'Ouche,
Doux pays où le calme endort même l'ennui !

Là il fit d'importants travaux et s'abandonna à son goût pour la botanique. Il avait ouvert un cours de médecine qui était particulièrement fréquenté. Ses amis de Paris ne le perdirent pas tout entier. Ils gagnèrent même à son départ d'en recevoir des lettres pleines d'humour et dont quelques-unes sont de petits chefs-d'œuvre. J'extrais d'une d'elles ces quelques lignes amusantes : « On m'a dit, les augures l'ont confirmé par aruspices, que je me ramollirais très promptement à Dijon ; que l'air de Paris était le seul qui convînt à l'éclosion de mes violettes. Écoute-moi, je n'ai rien de l'archevêque de Grenade, mais je te prie de surveiller avec soin mon état mental, dont notre correspondance fera foi, et de m'avertir du moment où la décadence tournera à la dégringolade. » C'est également à son ami Lionel Laroze qu'il écrivit ce souvenir curieux : « ...Ayant dans les veines un peu de sang basochien, j'ai toujours eu un goût prononcé pour les choses de la justice. Dès 1862, je prenais d'une manière éclatante, devant le juge de paix du VIIe arrondissement, la parole en faveur d'une vieille maîtresse d'hôtel qui s'était laissée aller à des crédits gigantesques en faveur d'un membre du clergé. Cette plaidoirie spontanée où je disais son fait au cléricalisme, me valut les honneurs de la *Porte, - Rab. us, - Salam.* Quelques instants après, lorsque ma propre affaire fut appelée, le père Rouillot me condamna à payer à un marchand d'instruments de musique la somme de 2.117 francs 34 centimes, montant des frais de location d'un ophicléide dont j'avais eu besoin trois ans auparavant pour un concert d'amateurs, à raison de deux francs par soirée, et qui était resté, depuis cette époque, enseveli sous les œuvres de X... »

Très souvent il ornait ses lettres de dessins à la plume toujours fantaisistes mais d'un mouvement toujours juste. Ces petites illustrations n'étaient pas une des moindres curiosités de sa correspondance.

Il n'avait pas abandonné la musique, qui lui avait valu à Paris de très éclatants succès. A preuve le jour où, chez Mme Doré, il improvisa pour l'Alboni un accompagnement qui stupéfia celle-ci, et encore celui où il exécuta un morceau inédit qu'il n'avait entendu qu'une seule fois. Ces tours de force étaient autant à l'honneur de sa dextérité matérielle que de sa compréhension musicale.

C'est en 1884 qu'il réunit pour les publier ses sonnets que M. Darantiere enferma dans un véritable écrin typographique, qu'adornaient un dessin de Clairin et des eaux-fortes de Rops. C'est bien peu de temps après que, souffrant déjà du mal qui devait l'emporter, il écrivit à son ami Lionel Laroze : « Esculape prend sa revanche !.. Si je venais à tourner de l'œil, tout en étant consolé par la pensée de finir comme Gambetta, je mourrais avec le regret de n'avoir pas fait assez de sonnets pour la postérité. Je te lègue mes titres et mes ébauches... » Georges Camuset ne pouvait les confier à une amitié plus pieuse et plus fidèle. Le succès des *Sonnets du Docteur* fut très vif et très vraiment littéraire. Il est bien court, en effet, ce petit livre, et je veux choisir, parmi les pièces inédites du même auteur, un petit morceau où se retrouve la même verve :

CALVITIE

Quand le caprice de la brise
Dans les prés verts qu'aromatise
L'authoxanthum odoratum,
Loin du vallon natal entraîne
Ta chevelure avec ta graine,
Leontodon taraxatum (1) ;
Si petit que soit notre monde,
On sait que la terre féconde
S'ouvrira pour les recevoir,
Qu'à ton front germeront encore
Ces blancs filaments que colore
Le rayon empourpré du soir.
Pour nous, quand le destin contraire
De notre trésor capillaire
Disperse les fils blonds ou noirs,
Macassar vient à la rescousse,
Et, pour que le cheveu repousse.
Penche ses huileux arrosoirs.
Efforts perdus ! Vaine chimère !
B... lui-même, en qui j'espère,
S'avouant vaincu dit tout bas :
Monsieur, prenez une perruque
Allant du front jusqu'à la nuque,
Le cheveu ne repousse pas !

(1) *Vulgo*, Pissenlit.

Il écrivait en prose aussi ingénieusement qu'en vers. Le *Figaro*, l'*Événement*, le *Bien Public*, en ont souvent donné la preuve, les journaux spéciaux aussi, témoin cette vieille revue littéraire médicale où il publia son hygiène drôlatique, un morceau d'une gaieté vraiment formidable.

Cependant, je l'ai dit, un mal incurable le minait déjà. Les progrès en furent si considérables que lui-même ne se fit plus aucune illusion sur son état. Il vint à Paris au commencement de 1885 chez son beau-frère le Dr Onimus ; mais les soins les plus dévoués et les plus savants ne purent le guérir. Sa sérénité, au milieu des douleurs effroyables, ne se démentit pas un seul instant. Avec cette grande bonté d'âme qu'il alliait à tant de sérieux et à tant d'esprit, il oubliait ses propres maux pour éviter à ceux qui l'entouraient la moindre peine. Ce fut un spectacle vraiment héroïque et touchant que celui de cette fin prématurée acceptée avec tant de courage. La veille de sa mort, il avait encore des mots cruels à lui-même, mais où s'affirmait la permanence de son esprit et de sa vivacité. Comme le Docteur Blache, très affecté de son amaigrissement, lui disait, en l'engageant à boire une potion : « Bois, tant que tu pourras. Ça te soutiendra. » — « Oui, répondit le moribond, comme la corde soutient le pendu. » Un des témoins de sa mort a écrit : « Dans le délire lucide de sa fin, il parlait encore arts et sciences avec une élévation de pensées et d'expressions qui stupéfiait tous ceux qui l'entouraient. »

Au physique, à l'époque où je le connus, Georges Camuset était un grand et beau garçon, à l'œil très fin, à la moustache fine, un peu fort déjà ; mais d'un aspect singulièrement sympathique, avec une physionomie ouverte et un bon sourire qui n'était pas cependant dénué de malice. Il tenait toutes les promesses de sa figure, et cette brillante enveloppe cachait les plus nobles qualités du cœur ; une générosité à toute épreuve, un amour sincère et pratique de l'humanité, une bonté allant quelquefois jusqu'à la faiblesse, une sensibilité profonde. C'était vraiment un homme et un homme de bien, en même temps qu'un garçon de beaucoup d'esprit et un véritable poète. Je n'ai certainement pas à insister sur les qualités des petits poèmes exquis dont cette courte notice n'est que l'avant-propos. La plupart sont déjà dans bien des mémoires. Ils ne seront jamais oubliés, j'en suis certain, car ils ont la saveur originale qui conserve avant tout les œuvres de l'esprit, et, pour ainsi parler, les embaume. Rien de plus nouveau et de plus imprévu que cette note, et rien de plus juste aussi, car toujours l'expression fait image et le vers se rassemble en une période vraiment musicale. Et quelles jolies trouvailles dans le vocable ! Oui, ce petit livre survivra certainement à bien des œuvres dont la prétention était plus haute et l'art plus raffiné. On dirait des poignées de sel gaulois jetées dans la flamme et y pétillant avec un grand bruit d'étincelles. Et puis, quel accent bien français ! quelle verve mouillée du vin clair de nos vignes !

Je ne veux pas attarder davantage, en prolongeant cette préface, l'impatience du lecteur au seuil de ces impressions vives, charmantes et primesautières. Les vers de Georges Camuset seront, à eux-mêmes, leur

propre éloge. Moi, je n'ai voulu que retracer la sympathique et intéressante physionomie de leur auteur, que
fixer d'un crayon rapide cette figure bien moderne et
bien vivante, que dire, de loin, un adieu plein de tristesse au compagnon sitôt disparu et dont ma main était
heureuse de presser la main.

ARMAND SYLVESTRE.

3 *juin* 1887.

LES

Sonnets du Docteur

AVANT-PROPOS

Lorsque j'étais impatient
La Muse m'a dit : « Je suis tendre.
« Je n'amène pas le client...
« Mais je console de l'attendre. »

LE CATAPLASME

FLACIDITÉ, *tiédeur, mollesse humide et douce !*
Cataplasme douillet, topique velouté,
Trésor de bonhomie et de sincérité,
Tu caresses encor la main qui te repousse !

Que tu sois de fécule ou de graine de lin,
Que l'opium t'arrose ou que le chloroforme
Apporte dans tes plis l'apaisement énorme,
Tu t'appliques toujours consolant et câlin.

La batiste t'abrite en sa trame serrée.
En dépit du tissu, ton cœur médicinal
S'imprègne avidement de sanie enfiévrée.

A travers le rideau du confessionnal
Ainsi le prêtre vient, onctueux et banal,
Éponger les aigreurs de notre âme ulcérée.

ECCHYMOSES

MÉLIE *a fini d'être sage*
Et s'en mord les doigts maintenant :
Des taches d'un bleu chagrinant
Marbrent sa nuque et son corsage.

Ses compagnes d'apprentissage
Hochent la tête en la menant
Près d'un herboriste éminent,
Oracle attitré du passage.

Et la nigaude d'exposer
Un vallon noir, des sommets roses,
Où l'autre pour herboriser

Trouve un parterre d'ecchymoses,
Livides fleurs d'alcôve écloses
Sous la ventouse du baiser.

CALVITIE

COIFFEUR ! *tu me trompais quand, par tes artifices,*
Tu me disais raffermir mes cheveux défaillants ;
Ceux qu'avaient épargnés tes fers aux mords brûlants,
Tu les assassinais d'eaux régénératrices !

Tu m'as causé, coiffeur, de si grands préjudices,
Que je te voudrais voir, ayant perdu le sens,
Sur toi-même épuiser tes drogues corruptrices
Et tourner contre toi tes engins malfaisans.

Ainsi, quand l'ouragan s'abat sur la futaie,
D'un souffle destructeur il arrache et balaie
La verte frondaison qui jonche le chemin.

Au bocage pareil, mon front est sans mystère.
Il ne me reste plus un cheveu sur la terre,
Et je gémis, songeant au crâne de Robin !

BANDAGES ET APPAREILS

*D*ANS *la vitrine, où l'œil jette un regard oblique,*
Apollon et Vénus prêtent leur nudités
A des enlacements d'appareils brevetés.
Ils servent, dieux captifs, d'enseigne à la boutique.

Un bandage inguinal à pelote élastique
Étreint Cypris la blonde et masque ses beautés.
L'acier flexible et fort, en détours éhontés,
Suit amoureusement la courbe hypogastrique.

Sur la gorge et les flancs divins, je vois encor,
Bannissant la chlamyde et la ceinture d'or,
Des ressorts médaillés à Paris, Vienne et Londre.

O crime ! — Et cependant Éros, confus et las,
Levant un lourd faisceau de sondes en ses bras,
Semble implorer le ciel pour l'homme qui s'effondre.

LE COR AUX PIEDS

Je suis le cor aux pieds, et c'est moi qui proteste
  Contre le cordonnier et son cuir oppresseur.
L'élégance m'impose un joug que je déteste.
Je veux que tu sois libre, ô phalange, ma sœur !

En vain le pédicure, arrondissant le geste,
D'un scalpel magistral me sculpte en professeur.
Son triomphe est d'un jour, car le terrain me reste
Et j'y renais plus fort sous le fer agresseur.

Insensé ! Tu voudrais, comprimant la nature,
Faire admirer un pied trop grand pour ta chaussure.
Le bottier, ton complice, est aussi ton bourreau.

Qu'un aveugle instrument nous taille et nous harcèle,
La persécution redouble notre zèle.
Oignons, durillons, cors, nous narguons Galopeau.

ERBOK

HERBOR

APPÉTIT

U^N concours imprévu d'affaires ennuyeuses
   « Me prive, cher Monsieur, du plaisir d'assister
« A ce dîner où vous voulez bien m'inviter.
« Mille regrets. Navré. Circonstances fâcheuses... »

Cette lettre était courte et les autres verbeuses ;
Mais sur un fond commun tous ils avaient brodé.
Ils me lâchaient, devant un repas commandé
Où se multipliaient les sauces onctueuses.

Quel guignon ! — Quand soudain, au détour du RAT-MORT
J'aperçois Béchamel. Je l'attache à mon sort.
Cet homme est, à lui seul, un essaim de convives.

Je ne me lassais pas de le voir s'occuper.
Tout autre m'eût donné les craintes les plus vives :
Mais lui, dès le dessert : — « Où pourrions-nous souper ? »

LE VER SOLITAIRE

BIEN *avant que Fourier rêvât le Phalanstère,*
Bien avant Saint-Simon et le Père Enfantin,
Dans les retraits ombreux du petit intestin
Le solium déjà pratiquait leur chimère.

Un cestoïde obscur, un simple entozoaire
Avait constitué l'État républicain.
Martyr voué d'avance au remède africain,
Salut, fils de Scolex, pâle et doux solitaire !

Tes anneaux, dont chacun forme un ménage uni,
Sur un boyau commun prospèrent à l'envi,
L'un à l'autre attachés, pas plus sujets que maîtres.

Oui, c'est un beau spectacle, et l'on doit respecter
Le sentiment profond qui me pousse à chanter
En vers de douze pieds le ver de douze mètres !

BLENNORRHAGIE

DIEUX ! *qu'il a l'air farouche et qu'il fait mal à voir !*
    Écumant et meurtri comme un loup pris au piège,
En ses flancs déchirés grince un fer de rasoir.
Qui l'abreuve ? Chopart. Et qui le nourrit ? Mège.

Eux cependant, blottis au fond du suspensoir
Dont le souple réseau les berce et les protège,
Pareils à deux oiseaux frileux, fuyant la neige,
Ils reposent, et rien n'émeut leur nonchaloir.

Ne rappellent-ils pas, tant leur retraite est douce,
Acis et Galathée endormis sous la mousse
Dans la grotte qui vit leurs amours ; et, sur eux,

La main crispée au sol, le cyclope hideux,
Penchant son œil unique, où la rage impuissante
Lentement fait couler une larme brûlante ?

LES ENGELURES

L'AFFREUX *petit collège où l'on dut m'interner
Ressemblait, en hiver, à ce cercle du Dante
Où dans la glace on voit les gens se démener.
L'économe était d'une avarice impudente.*

*Près d'un poêle mourant, la classe grelottante
Se morfondait, tuant le temps à griffonner,
Et quatre fois par jour descendait piétiner
Au préau ténébreux, lac de neige fondante.*

*Sur nos doigts crevassés, sur nos mentons bleuis
L'engelure empourprée incrustait ses rubis,
Et nos pieds enrageaient, dévorés de brûlures.*

*C'était dur. Et pourtant, j'aime ce souvenir.
Enfant, j'ignorais tout des soucis à venir.
O jeunesse, reviens ! Revenez, engelures !*

MASSAGE

DANS *les nuits sans sommeil l'amour vous a blêmie*
Et vos chairs ont perdu leurs tonus, ô ma sœur !
Maintenant il vous faut confier au masseur
Les trésors alanguis de votre anatomie.

Ointes d'une huile ambrée, effort de la chimie,
Ses mains, en qui la force épouse la douceur,
Pressent le grand-dorsal, malaxent l'extenseur.
Pour des combats nouveaux vous voilà raffermie.

Jadis votre docteur, plein de calme aujourd'hui,
Massait fougueusement sur des lits de pervenches...
Il opère à présent pour le compte d'autrui.

Tel, plongeant ses bras nus au sein des pâtes blanches,
Le gindre enfariné, dévêtu jusqu'aux hanches,
Pétrit des petits pains — qui ne sont pas pour lui.

LE RHUME DE CERVEAU

Où donc t'ai-je pincée, absurde phlegmasie,
    Stupide coryza, catarrhe insidieux ?
Mon pouls est enfiévré, ma pensée obscurcie.
Coulez, ma pituitaire, et vous, pleurez mes yeux !

L'éternuement secoue en vain mon inertie.
Pidoux avec Trousseau, docteurs judicieux,
N'opposant qu'un mouchoir au mal capricieux,
Croient qu'il faut le traiter par la diplomatie.

Eh bien ! Je resterai farouche en mon fauteuil,
Les pieds sur les chenêts et condamnant mon seuil ;
L'isolement convient à ma face piteuse.

Et j'aurai des mouchoirs en nombre indéfini.
J'en veux mouiller autant qu'un évêque en bénit.
Car je n'ai plus d'espoir qu'en vous, ma blanchisseuse !

DERMATOLOGIE

Sous *les rideaux discrets, au fond du vieil hospice,*
Les sylphes du Midi, chantés par Frascator,
Donnent à leurs amants qui sommeillent encor,
Des baisers dont la trace est une cicatrice.

La rougissante Acné, l'agaçante Eczéma,
Chéloïs au front pur, Syphilis au cœur tendre,
Purpura, Sycocis, Éphélis, Ecthyma
Sur la peau des mortels préférés vont s'étendre.

Le jour luit. Une horde envahit les dortoirs,
Portant tabliers blancs avec paletots noirs.
Ce sont les ennemis des virus et des lymphes.

Ils vont, et devant eux marche le professeur,
Comme un faune jaloux qui s'avance, grondeur
Pour troubler vos ébats amoureux, belles nymphes.

DICHOTOMIE

DIX-HUIT *cents médecins sous le ciel de Paris*
  Parmi les maux humains répandent des formules ;
Les uns, cœurs généreux ou martyrs ridicules
Du dévouement sans borne et du labeur sans prix ;

Les autres, professant un élégant mépris
Pour le client naïf qu'ils gorgent de granules ;
En haut quelques savants, princes, principicules ;
En bas quelques rêveurs, des sots, des incompris.

Mais les plus étonnants dans la docte cohorte
Sont ces courtiers qui vont quêtant de porte en porte
Le cas chirurgical et rémunérateur ;

Puis, quand ils ont semblé partager sa besogne,
Confraternellement partagent, sans vergogne,
L'or sanglant mis aux pieds du Grand Opérateur.

AUSCULTATION

COMMENT ! *C'est toi, belle Margot ?*
— « Mais oui, m'sieu Paul, et j'm'épouvante,
« Quel malheur pour un' pauv' servante !
« Mais quoi qu'j'ai donc ben dans l'jabot ?

« Pourvu qu'ça s'rait pas quéqu'pierrot !
« Ça m'porte au cœur, ça m'grouill' dans l'vent'e !
« Pas comm' vous, moi ; j'suis pas savante.
« P't-êt' ben qu'vous m'en direz l'fin mot. »

— « ... Là donc ! Baisse encor ta chemise !... »
Complaisamment l'oreille est mise
Sur deux seins plus durs qu'inhumains ;

Et, dans des gestes téméraires,
L'Étudiant à pleines mains
Palpe ses premiers honoraires.

STRABISME

A Mlle C..., artiste dramatique.

J'AI toujours fortement goûté la beauté louche.
  Des axes visuels l'imperturbable écart
Met un pouvoir étrange en son vague regard :
Même en s'humanisant il reste encor farouche.

Comme pour démentir les aveux de la bouche,
L'œil boudeur se détourne et, nous poussant à bout,
Semble tout refuser quand l'autre accorde tout.
Inquiet, l'amant cherche un accent qui le touche.

Danaé, ton coup d'œil va troubler à la fois
Ceux du parterre et ceux du paradis. — Je crois
Que je vais formuler un vœu très égoïste.

Je voudrais — cache au moins ce sourire moqueur —
Être galant autant que je suis oculiste
Pour fixer, à moi seul, ton regard et ton cœur.

MALADIES SECRÈTES

MARQUIS *de Rambuteau, j'aime ces labyrinthes*
Dont ta main paternelle a semé nos trottoirs.
Leur front lumineux porte au sein des brouillards noirs
Le nom des Bodegas *et des* Eucalypsinthes.

Leurs murs sont diaprés du faîte jusqu'aux plinthes
D'avis offerts gratis à d'amers désespoirs ;
Et c'est pourquoi j'entends le long des réservoirs,
Dans le gazouillement des eaux, monter des plaintes.

O l'anxieux regard du malade éperdu
Quand il franchit ton seuil, temple du copahu !
Moi, j'en sors souriant, car j'eus des mœurs austères.

Mes organes sont purs comme ceux des agneaux,
L'âge les rend peut-être un peu moins génitaux,
Mais ils sont demeurés largement urinaires.

MAIGREUR

A Mlle S. B., de la Comédie-Française.

ZEUS, *qui te façonna, dans un roseau flexible,*
Le cueillit sur les bords où disparut Syrinx ;
Puis il s'arrêta court, ayant fait ton larynx,
Luth vivant, qu'il dota d'une gaîne impossible.

Il économisa la matière tangible,
Et les chastes panneaux signés Pérugin pinx.,
Et la scène où l'on voit agoniser Le Sphinx
N'exhibèrent jamais corps plus irréductible.

Arrêtant la jumelle au cran qui fait voir gros,
Mon œil inquisiteur invoque le mirage
D'un embonpoint fictif étranger à tes os,

Et cherche à pallier l'erreur de son ouvrage.
Mais que de charme encor dans cet étui tout sec !
Pourquoi n'avoir pas mis de chair avec ?

DIGESTION

A petits coups j'achève un excellent café.
Et, d'un doigt de cognac détergeant l'œsophage,
Je digère, plongé dans l'odorant nuage
Qui s'exhale des plis d'un havane étoffé.

Décidément le chef a partout triomphé.
Des hors-d'œuvre au rôti, du poisson au fromage,
Pas un seul plat qui n'ait reçu mon double hommage,
Toi surtout, sein fécond du dindonneau truffé !

Dans le fauteuil berceur où mes vertus chancellent,
Des hoquets innocents tour à tour me rappellent
Tantôt la bisque rose et tantôt les foies gras.

Les yeux mi-clos, j'entame un rêve bucolique.
Mais quel est ce parfum soudain et magnifique ?
La truffe a murmuré : « C'est moi !... Ne le dis pas ! »

PRÉSERVATIFS

PRÈS *d'un « objet charmant »*
Lorsque l'amour m'appelle,
Avant de voir la belle
Je passe chez Millant.

Là, du petit au grand,
Flotte une ribambelle
De rubans qu'avec zèle
Il gonfle en y soufflant.

Enfin ! J'ai ma mesure !
Au sein de la luxure,
Vite, allons nous plonger.

Caché dans la baudruche,
Je veux comme l'autruche,
Ne plus croire au danger.

LE SPÉCULUM

CATINETTE, *en quelque aventure*
S'étant éraillé le satin,
Va consulter un beau matin.
On la hisse. Elle est en posture.

Un tube d'étroite ouverture,
Dans un pâle reflet d'étain
Guide le regard incertain
Au sein de sa riche nature.

Voilà le bobo découvert.
A nous la flamme, à nous le fer !
Mais — ô faiblesse de la bête ! —

Son cautère à peine soufflé,
L'opérateur, courbant la tête,
Adore ce qu'il a brûlé.

PHTHIRIASE

R OME *va s'endormir aux pieds d'un nouveau maître.*
  En ce jour, aux sons clairs envolés de l'airain,
Le pape Sixte a mis sur son front souverain
La couronne du roi, du guerrier et du prêtre.

Pensif, il est assis à la haute fenêtre
Et goûte la fraîcheur du soir dans l'air serein.
Or, la mystique voix d'un Phthirius *pélerin,*
Dans un prurit dont la caresse le pénètre.

Monte, reconnaissante, et dit : « O mon appui !
« Te souvient-il des temps lointains où, pauvres hères,
« Nous gardions les troupeaux en traînant nos misères,

« Nous, que le monde acclame et révère aujourd'hui ?
« Ah ! fût-il mille fois plus qu'Hercule robuste,
« Nul ne m'arrachera de ta personne auguste ! »

ÉPIDÉMIES, ENDÉMIES

GANGE, ô Père des eaux, sous tes bambous trompeurs,
Où la tanigartchie emplit ses urnes blanches,
Exhalé des limons impurs court dans les branches
Un frisson pestilent fait de deuils et de peurs.

Des humus violés s'élèvent en vapeurs
Le vomito, la fièvre, implacables revanches ;
Et les fléaux, roulant comme des avalanches,
Fraient leur route à travers l'angoisse et les stupeurs.

Ainsi, pour accomplir ses vengeances hautaines,
La Nature asservie, en soulevant ses chaînes,
Frappe ironiquement son maître souffreteux.

Partout quelque endémie à l'homme fait cortège,
Et l'Alpe même abrite en ses girons de neige
Le crétin puéril et myxœdémateux.

CHLOROSE

JE *ne veux pas savoir le nombre d'hématies*
   Que la chlorose avare a laissé dans ton sang.
Je ne veux pas compter sur ton front languissant
Les pétales restés à tes roses transies.

Pauvre enfant ! le nerf vague, aux mille fantaisies,
Donne seul à ton cœur son rythme bondissant ;
Seul il rougit parfois ton visage innocent
De l'éclat sans chaleur des pudeurs cramoisies.

Pour le dompter veux-tu connaître un moyen sûr ?
N'épuise plus en vain les sources martiales,
Mais laisse-toi conduire aux choses nuptiales.

Au soleil de l'amour ouvre tes yeux d'azur.
Suis la loi, deviens femme, et qu'en ton sein expire
Dans les blancheurs du lait la pâleur de la cire.

MÉDECINE LÉGALE

« *Casse-poitrine* appellantur. »
(Professeur TARDIEU)

Courbé sous le fardeau de son désir difforme,
Sinistre, l'œil au guet, plus craintif que le faon,
Le soir il va le long des berges. — C'est Alphand
Qui sur leurs bords déserts a fait verdoyer l'orme.

Là rôde encor cet être hybride dont la forme
A des rondeurs de femme et des maigreurs d'enfant ;
Dont le col découvert et le veston bouffant
Trahissent un organe infundibuliforme.

Ils se sont devinés et rejoints. Le danger
Les harcelant, ils vont -- couple affreux — héberger
Sous la voûte aux trous noirs leur rut démoniaque.

Enfin l'homme, assouvi, sort d'un pas vacillant
Et fuit, rasant les murs, grisé d'ammoniaque,
Son ambre, à lui, son musc et son ylang-ylang.

BONBON LAXATIF

*J*E *suis un aimable hypocrite,*
Car je mens pour faire le bien.
Je n'ai qu'un but et qu'un moyen :
Plaire d'abord, guérir ensuite.

Blanche comme une stalactite,
Ma robe en sucre dit combien
Je séduis le petit chrétien
Pris par la gourme ou l'entérite.

Craintive à l'ombre du danger,
La maman court me mélanger
A d'autres bonbons plus sincères.

Mais Dieu guide le cher enfant.
Il me choisit, m'avale et rend
Le calme à ses petits viscères.

CONGESTION CÉRÉBRALE

Un soir qu'il se sentait la visière moins nette,
   Mon grand-oncle Bernard, vert encor, mais très vieux,
S'inspirant d'un menu savant et copieux,
Fit largement honneur aux talents de Jeannette.

Puis son menton pesa plus lourd sur la serviette ;
Un chœur de feux-follets dansa devant ses yeux,
Et son âme quittant la table pour les cieux,
Il mourut doucement, le nez sur son assiette.

Seigneur, Seigneur mon Dieu, je suis à vos genoux !
Écoutez un pécheur qui tremble devant vous,
Et vous redoute autant qu'il craint l'anorexie.

Quand je serai plus vieux que mon oncle, et plus bas,
Comme dernier dessert de mon dernier repas,
Accordez-moi, Seigneur, la douce apoplexie !

DU SIGNE CERTAIN DE LA MORT

S*ur la maison triste*
Plane un air de deuil.
De la paille au seuil ;
On couvre une liste.

L'État, formaliste,
Jette son coup d'œil
Au fond du cercueil :
Elle avait un kyste !

Mais mon signe, à moi,
Est plus sûr. Ma foi,
Je vais vous le dire :

Navrant héritier,
Qui deviens rentier,
Je t'ai vu sourire.

CONSTIPATION

RIEN *ne venait. Huit jours d'un régime torride
L'avaient comme encloué. Sa plume retenait
La copie implorée en vain ; rien ne venait.
Le cœcum restait sourd et le cerveau stupide.*

*Contracté par l'effort, le chroniqueur turgide,
Qu'une oscillation stérile promenait
Du cabinet d'étude à l'autre cabinet,
Froissait avec fureur un papier toujours vide.*

*Oh ! demeurer ainsi vissé dans l'acajou
Sur le trône où périt Cæsar Elagabale !
Son cœur se brise ; il prie et pleure. Tout à coup*

*L'appareil a vibré sous un choc de scybale.
La débâcle est immense et la plume s'emballe :
Tabatabataba... agaga... ouloulou...*

HOMARD NATURE

LE homard est enfin sorti du court-bouillon.
  Au sein de la mixture épicée et brûlante
Il vient de revêtir son harnais vermillon
Qu'il étale, couché dans l'herbe verdoyante.

Piquant comme un cactus, dur comme un mirmillon,
Il oppose au couteau son armure savante ;
Vain refuge, où ma main ferme et persévérante
Creuse, d'un bout à l'autre, un énorme sillon.

O chair incarnadine et pâle de la queue !
Pinces, qui me faisiez naguère une peur bleue !
Anfractuosités que j'adore fouiller !

Votre alléchant fumet trouble les plus bégueules,
Et mon cœur bat plus fort lorsque le sommelier
Met le Sauternes d'or près du Homard de gueules.

LES GAUDES

AUX sommets du Jura le ciel pâlit à peine.
L'oiseau n'a pas encore quitté l'abri des bois,
Et déjà, s'échappant du front des humbles toits,
La fumée en flots gris se répand sur la plaine.

Levée avant le jour et tournant le fuseau,
La mère est là, veillant, près du feu qui pétille,
Sur la marmite où chante et s'épaissit dans l'eau
Le maïs blond, régal de la jeune famille.

A son appel, voilà les enfants réunis ;
Et c'est plaisir de voir leurs museaux réjouis
Baignés dans la vapeur de leurs assiettes chaudes.

Puis dans les prés, où l'aube éclaire leur chemin,
S'en vont, poussant les bœufs, une perche à la main,
Les petits Francs-Comtois tout barbouillés de gaudes.

DIFFAH

Au seuil de la maison, dont la blancheur éclate
Dans l'azur transparent du ciel algérien,
Parmi les arbres verts au bizarre maintien,
Où le fruit d'or se mêle à la fleur écarlate,

Le maître-rôtisseur de Ben-Ali-Chérif
Promène un goupillon plein de graisse brûlante
Sur les flancs d'un agneau qui cuit, mets primitif,
Percé de part en part d'une perche sanglante.

Treille, dont le rideau nous cachait au soleil,
Tu nous vis attaquer un festin nonpareil,
Près du bassin de marbre où l'eau rit et s'élance ;

Et, joyeux mécréants, nés pour scandaliser
Le Prophète et sa loi, tu nous vis arroser
Le rôti du désert des meilleurs vins de France.

LE HOMARD A LA COPPÉE

C'ÉTAIT *un tout petit homard de Batignolle.*
Nous l'avions acheté trois francs, place Bréda,
En vain, pour le payer moins cher, on marchanda ;
Le fruitier, cœur loyal, n'avait qu'une parole.

Nous portions le cabas tous deux, à tour de rôle.
Comme nous arrivions aux remparts, Amanda
Entra dans un débit de vins et demanda
Deux setiers. — Le soleil dorait sa tête folle !

Puis, ce furent des cris, des rires enfantins.
Elle avait un effroi naïf des intestins
Dont, je dois l'avouer, l'odeur était amère...

Nous revînmes le soir, peu nourris, mais joyeux,
Et d'un petit homard nous fîmes trois heureux,
Car elle avait gardé les pattes — pour sa mère !

LANGUE FUMÉE

A M..., par colis postal.

Pas d'aube. Le soleil surgit. Il illumine
Les grèves de Mannâr et les flots attiédis.
Noirs démons oubliés dans ces verts paradis,
Les Cinghalais, gagnant quelque roche marine,

S'élancent dans l'abîme où dort la pintadine.
Sous le faix du butin ils nagent, alourdis ;
Puis, dans la chair nacrée ouvrant leurs doigts hardis,
De son écrin vivant tirent la perle fine.

Je suis, par le courage, à ces pêcheurs pareil,
Des hauteurs de Paris plongeant dans la province,
Où je ne puis revoir, hélas ! qu'en mon sommeil,

Monselet pourléchant sa double badigoince,
J'arrache au gouffre amer un trésor sans rival :
Cette langue signée Aubelle-Méneval.

(Dijon)

TONNELLI

PONDÉRATION

NEUF *mois juste après les derniers épithalames*
Il naquit, pesant trois kilos exactement ;
Et dès lors, chaque jour, par un allaitement
Méthodique, il s'accrut d'un nombre entier de grammes.

Existence rivée aux chiffres, aux programmes,
Il contrôla des Poids pour le Gouvernement.
Quand il avait du vague à l'âme, — rarement —
Il lisait les Tarifs douaniers, ces dictames !

Son repas lui coûta toujours trente-deux sous.
Sobre avec les buveurs, correct avec les fous,
Il ne connut jamais les débauches exquises ;

Mais subissant l'attrait fatal des numéros,
Tous les samedis soirs il allait aux plus gros
A prix-fixe acheter des caresses précises.

DISCOURS DE RÉCEPTION

A la Société « LA CIGALE »

MESSIEURS, *je ne suis pas cigalier de naissance ;*
Les Francs-Comtois n'ont pas cet avantage. Aussi
La Camargue m'ignore, et c'est tout au plus si
Le long du P.-L.-M. j'entrevis la Provence.

Entre nos arts divers un trait de ressemblance
M'aura valu l'accueil que je rencontre ici.
Nos arts sont libéraux. *Mot pompeux ! Mais, voici,*
Leur libéralité n'est pas ce que l'on pense.

Poètes, médecins, peintres, étudiants,
Les affres des débuts nous trouvent souriants
Et plus gais, sous nos toits, que Gobsek dans son antre.

Pour donner un symbole aux serviteurs du beau,
La noble Insouciance attache à leur drapeau
Un insecte qui chante en se brossant le ventre.

TRANSFORMISME

S ous *les Océans noirs à peine refroidis,*
Spongiaire naissant bercé dans le blastême,
Je pris des bras, je fus le zoophyte abstême,
Un test, je me nommai mollusque, et j'attendis.

Cent mille ans je vécus poisson. Instants maudits !
Les schistes m'écrasaient ! Soudain jusqu'au ciel même
L'aile m'emporte, oiseau. Je marche, je grandis ;
Me voilà cétacé, ruminant, monotrême.

Le pôle me surprend mammouth. Au creux des rocs
J'égrène çà et là mes ossements d'aurochs.
Je n'avais pas encore la malice du singe !

Mais un jour je deviens l'Ancêtre vénéré,
Le père de Darwin, l'oncle du bon Littré,
A présent je suis l'HOMME, et je porte du linge.

AVEUGLES A VALENCE

Les *Ciegos*, troupe éperdue,
  Vont, promenant de rue en rue
Leur guitare et leurs chants discords.
Ce sont les plaintes du Trouvère,
Que la mandoline en colère
Exhale en furieux accords !
Mis en fuite par ces merveilles,
Nous entendons, encor loin d'eux,
Comme un bourdonnement d'abeilles,
Ignorent-ils, les malheureux,
Que, s'ils ont égaré leurs yeux,
Nous avons toujours nos oreilles ?

Valence, mai 1874.

LES VIEUX PALAIS

Eɴ ce royal logis, Pierre le Justicier
S'apprêtait au labeur hasardeux des batailles.
Aujourd'hui, sur le front des farouches murailles,
On lit : Gros et détail. Gonzalès, épicier.

Ce portail, que domine un écusson altier,
Du Cid avec Chimène a vu les fiançailles.
Ce portail aujourd'hui ne s'ouvre tout entier
Qu'aux haquets, écrasés sous le poids des futailles.

Monuments exilés dans l'âge où nous vivons,
Indifférents au temps qui fuit, nous les trouvons
Cachant leur vieil orgueil au fond des vieilles rues.

Et quand l'industriel s'engraisse à leur côté,
Un manteau de lichen voile la pauvreté
De ces muets témoins des grandeurs disparues.

Barcelone, 30 mai 1874.

LA GIRALDA

Du toit hardi, traçant au ciel son fier dessin,
  Où s'ébranle aujourd'hui le chœur bruyant des cloches,
S'envolait dans la nuit, jadis, en triples croches,
Le point d'orgue plaintif lancé par le muezzin.
O tour, ton nom charmant est comme une caresse !
Giralda ! Ce devait être quelque princesse,
Et l'ouvrier, docile au vœu de cette enfant,
Fit une rampe douce à son pas indolent.
Tandis que je parcours la facile spirale
Où le vent d'Orient m'apporte par rafale
Comme un ressouvenir des Maures émigrés,
Sur le Guide un instant mes yeux se sont fixés
Et j'ai lu : Giralda, girouette. Mes doutes
Se sont évanouis aussitôt que formés.
C'est bien un nom de femme et qui convient à toutes.

Séville, 2 juillet 1874.

LE RACCOMMODAGE

J'AVAIS *un tout petit amour,*
  Statuette mignonne et si frêle
Qu'elle s'est brisée, un beau jour
Que l'on avait soufflé sur elle.

Pour refaire un amour nouveau
J'en rapportai chaque morceau
Chez le ciseleur, un compère
Passé maître en cette matière.
Je lui fis part de mon souci :
« Pour raccommoder tout ceci
Est-il quelque bonne manière ? »

« Monsieur, reprenez votre bien,
Dit-il, d'une façon très leste ;
Le bandeau manque à ce qui reste ;
L'Amour qui voit ne vaut plus rien. »

Est-ce vrai ? je me le demande ;
Mais j'incline de jour en jour
Vers cet avis, bien qu'on prétende
Qu'on peut faire une amitié grande
Des débris d'un petit amour.

Paris 27 novembre 1867.

INVITATION A DINER

MONSELET, *subtil connaisseur,*
Des festins savant métronome,
Vous qui naquîtes gastronome,
Comme l'on naissait rôtisseur :
Étant de ceux que l'on convie,
Que feriez-vous si l'on disait
Que mardi soir chez Camuset
Une truite sera servie ?
Et qu'un dîner est toujours gai
Où vous portez votre salière
Pleine du sel de ce Voltaire
Dont nous hantons tous deux le quai ?

RÉPONSE

MOI *qui suis de ceux qu'amusait*
L'esprit que le bon Cham usait
Dans ses folles caricatures,
Je dis : Obtus et Camus est
Qui n'accepte de Camuset
Les attrayantes nourritures.

CH. MONSELET.

A MADEMOISELLE E. D.

Qui m'avait offert la fève (jour des Rois 1868)

TRÈS *gracieuse souveraine,*
   Un souverain, la bouche pleine,
Pour s'exprimer éloquemment,
Devant un peuple impatient,
Pas moins qu'un autre n'a de peine.

Mais, je m'excuse là de rien ;
Car les discours de la couronne
Sont quelquefois, Dieu me pardonne,
Plus incohérents que le mien.

Cette royauté d'un quart d'heure
A fini trop tôt et j'en pleure.
J'ai coiffé mon royal gibus,
Remis mon royal pardessus.
Pauvre monarque sans ressource,
A pied chez moi j'ai pris ma course
Et je rêvassais en chemin
A mes devoirs de souverain !
Voyez un peu l'étourderie !
Oserai-je avouer ce soir
Que, pendant cette heure enfuie,
J'ai caressé le fol espoir
De fonder une dynastie !

6 Janvier 1868

A MONSIEUR LE COMTE DE C. B.

Vous *aviez promis, comte, dans un moment*
  D'abandon, inspiré par de douces pensées,
D'évoquer un écho des ballades passées
A la Noël prochaine, en un logis charmant.

La finance massive, à l'esprit clairvoyant,
La noblesse et la fleur de nos jeunes armées,
La science légère, au cœur entreprenant,
S'y devaient rencontrer aux genoux des almées.

Que la gaîté chez nous eût reçu bon accueil !
Pourtant de l'aube au soir et du soir à l'aurore,
Le signal désiré, nous l'attendons encore.

Faut-il donc ramener sur nous notre linceul
Et remettre à des temps moins écrasés de deuil
Le réveillon joyeux et son rire sonore ?

22 décembre 1871.

LES TROIS AGES DE LA ROSE

Q^{UAND} *la Rose*
Fut éclose
Dans l'azur et le rayon,
Sa corole
Bénévole
S'entr'ouvrit au papillon.
Mais tout lasse !
A la place
De l'amant blasé qui fuit,
La torride
Cantharide
Vint s'abriter chaque nuit ;
Et flétrie
La Rose accueille à présent
La limace
Dont la trace
Est une bave d'argent.

23 décembre 1878.

RETRAITE

Eʜ bien ! oui, je suis las de voir les Samarys
Cabotinant le rire, avec leurs dents féroces,
Et las de me heurter sans cesse aux chars atroces
Qu'Old England et Zidler trimballent dans Paris.

Assez de cornes de tramways, assez de cris ;
Trop de Peters où les étrangers font des noces ;
Trop de journaux vendus à de sales négoces.
La Province m'attire et m'offre ses abris.

Je la connais. Elle a, quoiqu'un peu renfrognée,
Un charme pour lequel je l'ai souvent lorgnée,
Doux pays où le calme endort même l'ennui !

Donc, pour y vivre en paix, je choisis aujourd'hui
Dijon, dans sa moutarde, assise au bord de l'Ouche.
Tu souris ? Mon bonheur te semblerait-il louche ?

Novembre 1881.

VALE !

UN gros événement agite le ménage.
    Madame a mis au monde hier — une souris !
Les époux consternés contemplent, ahuris,
Ce produit exigu d'un très long mariage.

Mais la mère un instant songe et reprend courage.
Au maillot, où l'enfant jette ses premiers cris,
Elle coud des rubans, des dentelles de prix,
Si bien que le fœtus devient un personnage.

Ainsi j'ai fait pour toi, mon petit souriceau.
Elzévir a brodé les langes du trousseau ;
La Hollande en tissa la toile tout entière ;

Des burins glorieux ont paré ton berceau ;
Enfin pour t'amener de l'ombre à la lumière,
Gutenberg étant mort, j'ai choisi Darantiere.

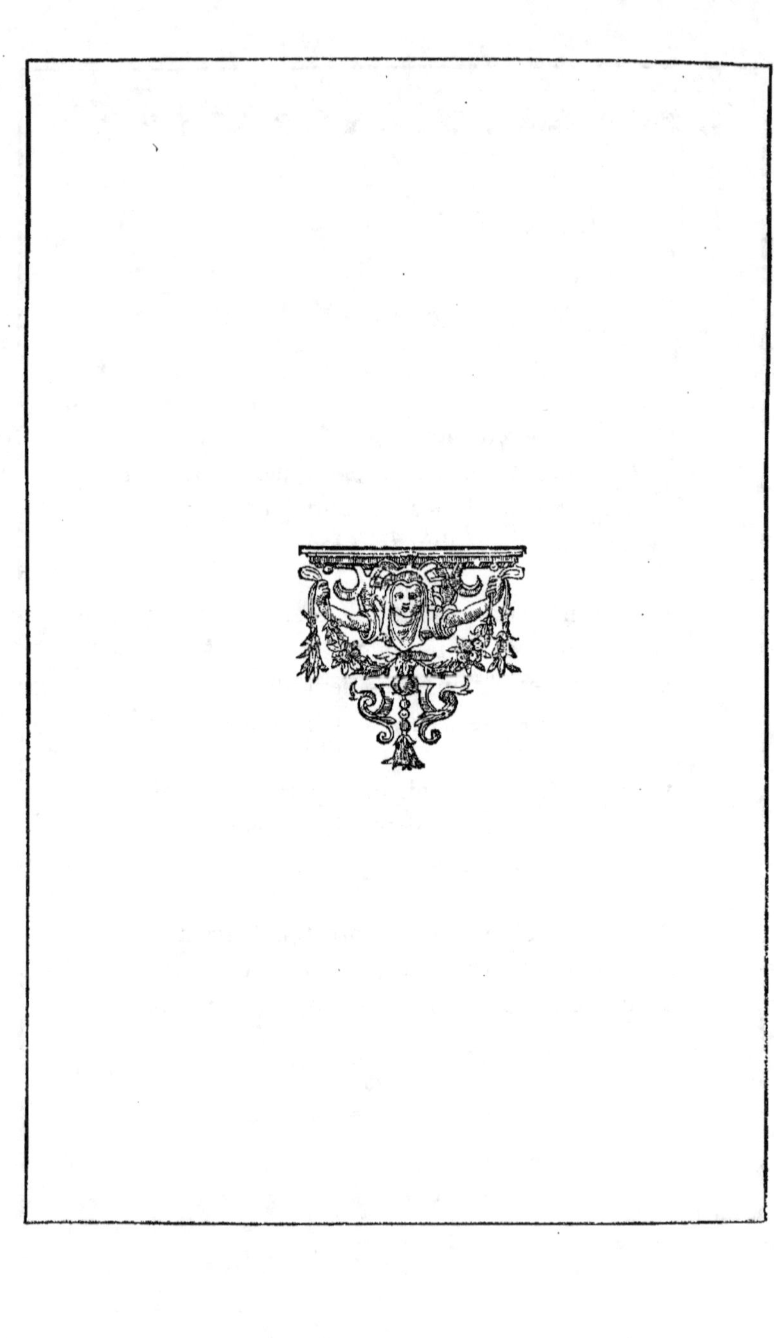

TABLE

              Du culte secret tous deux prêtres,
              Obscuri per sylvas ibant ;
              Et, comme nos pieux ancêtres,
              Fidem rectumque colebant.

LES
SONNETS DU DOCTEUR

ONT ÉTÉ TIRÉS A
TROIS CENT CINQ
EXEMPLAIRES

PAR

MAURICE DARANTIERE DE DIJON

EN MAI M.CM.XXVI

SAVOIR

DEUX CENT QUATRE VINGTS SUR
PAPIER VAN GELDER VÉLIN CRÊME
NUMÉROTÉS DE I A 275, DE 301 A 305
ET VINGT CINQ SUR PAPIER VAN
GELDER VÉLIN BLANC NUMÉROTÉS
DE 276 A 300. CHAQUE EXEMPLAIRE
TIENT AGRÉMENT D'UNE SUITE
EN NOIR ET D'UNE SUITE EN SAN-
GUINE DE QUATRE EAUX-FORTES PAR
J.-E. LABOUREUR.